PATRONNÉS

OU

LIBRES DE SAVANE.

RÉCLAMATIONS EN LEUR FAVEUR,

FAITES ANTÉRIEUREMENT A LA PRÉSENTATION DE LA LOI SUR L'ÉTAT DES PERSONNES AUX COLONIES,

Et Observations soumises à la Commission depuis cette Présentation.

PAR UN HOMME DE COULEUR.

Dieu fit la liberté; l'homme a fait l'esclavage.
CHÉNIER.

Paris.

DE L'IMPRIMERIE DE DEZAUCHE,

FAUBOURG MONTMARTRE, N° 11.

1831.

PATRONNÉS,

ou

LIBRES DE SAVANE.

M. le ministre de la marine a présenté à la chambre des députés, dans sa séance du 27 octobre, la loi sur l'état des personnes aux colonies. Cette loi ne dit rien des patronnés, mais le ministre dans son exposé des motifs s'exprime ainsi :

« Le gouvernement complète en ce moment tous les ren-
» seignemens dont il a besoin pour prendre, en pleine
» connaissance de cause, une détermination générale en-
» vers ces individus qui ne jouissent pas légalement de la
» liberté. La chambre appréciera sa réserve, et j'ose croire
» qu'elle y applaudira, lorsqu'elle saura que le nombre de
» ces individus est, à la Martinique seulement, de plus de
» huit mille, et que la plupart paraissent être totalement
» dépourvus de moyens d'existence. Au reste, le gouver-
» nement a vivement à cœur de régulariser au plus tôt la
» position des libres irréguliers, et sa réserve en cette ma-
» tière ne consiste qu'à procéder avec une juste mesure. »

Il est de mon devoir de répondre que les renseignemens n'ont pas manqué au gouvernement, et que j'en ai fourni moi-même au ministère de la marine. La commission de législation coloniale qui a été nommée par M. Sébastiani, ministre de la marine en 1830, et dont M. le comte d'Argout était membre, avait arrêté, après mûr examen, qu'il était juste et opportun de reconnaître régulièrement libres tous les individus qui sont libres de fait.

Lorsque M. d'Argout a succédé à M. Sébastiani au ministère de la marine, la commission a suivi les mêmes erremens, et dans les réclamations que j'ai eu lieu de faire auprès du nouveau ministre, relativement aux patronnés, j'ai toujours trouvé en lui le noble désir de faire autant de bien qu'il pourrait aux colonies. Combien de fois ne m'a-t-il pas répondu : « La liberté est le principe, l'esclavage est l'exception. Désormais tous les individus qui n'auront pas de maître seront déclarés libres par le gouvernement. »

Les patronnés ne sont pas, la plupart, dépourvus de moyens d'existence, comme le disent ceux qui veulent perpétuer l'esclavage; j'en connais beaucoup qui n'attendent que la régularisation de leurs titres pour se marier et pour élever des établissemens dans la colonie.

Il est impossible de se faire une idée de la perplexité, de l'incertitude où sont ces milliers d'ilotes à la Martinique. Ceux qui font partie des milices (et ceux-ci sont les moins malheureux) sont exposés à des humiliations et à des vexations contre lesquelles ils réclament sans cesse. Une simple dénonciation de la police, une seule plainte d'un colon blanc suffit pour les faire renvoyer de la compagnie où ils sont enrôlés; qu'ils aient raison ou non, M. le gouverneur Dupotet les chasse sans se donner la peine d'entendre leur justification. Les tribunaux ne les traitent pas mieux; ils sont jugés comme s'ils étaient esclaves. La malheureuse Adèle qui a été fouettée par la main du bourreau au pied de l'échafaud, pour avoir chanté *la Parisienne*, est une patronnée; et c'est un colon, M. Dessalles, procureur général par intérim, qui a fait exécuter cet arrêt au moment même qu'une demande en grâce était déposée au pied du trône pour cette infortunée.

Pressé que je suis de faire imprimer cet écrit, je le termine par quelques réflexions qui me sont venues tout naturellement. Des observations plus approfondies seront l'objet d'un mémoire que je publierai bientôt. Il importe pour le moment que la commission et la chambre des députés connaissent les réclamations que j'ai été chargé de faire auprès du ministre de la marine, et celles que j'ai eu l'honneur de lui adresser, en juin dernier, en faveur des patronnés.

Réclamations pour plusieurs patronnés.

Monsieur le Ministre,

Chargé par MM. Michel Savignac et Alfred Agnès de solliciter auprès de vous une justice qu'ils ont vainement réclamée du contre-amiral Dupotet, gouverneur de la Martinique, j'ai l'honneur de vous exposer que :

Le sieur Michel Savignac, né et domicilié à Saint-Pierre Martinique, et faisant partie de la 2ᵉ compagnie de la garde nationale de la paroisse du Fort, a été renvoyé de ladite compagnie par suite d'une plainte qui a été portée contre lui au gouverneur. Le sieur Savignac affirme avoir été calomnié, il a offert de se justifier, mais le gouverneur n'a pas voulu l'écouter, et pour combler l'œuvre, la décision qui le frappe de dégradation ne lui a pas même été notifiée.

Si les pouvoirs du gouverneur peuvent s'étendre jusqu'à renvoyer de la garde nationale celui qui n'a point démérité, celui que la vindicte des lois n'a pas atteint, le gouverneur est-il pour cela dispensé d'écouter la justification de celui qui est injustement accusé ?

Si, comme le dit le sieur Savignac, il a été rayé du contrôle de la 2ᵉ compagnie sans avoir pu se justifier, sans avoir été entendu du gouverneur, celui-ci aurait commis un abus de pouvoir qui pourrait lui être reproché. Mais ma mission n'est pas d'accuser ; je voudrais n'avoir que des louanges à donner au gouverneur qui, dans des cir-

constances difficiles, a su repousser de perfides insinua-
tions pour n'écouter que son devoir et sa conscience; il
me serait pénible aujourd'hui d'accuser un chef qui jouit
de la confiance de mes commettans (1).

Je me bornerai seulement, Monsieur le Ministre, à vous
soumettre les réclamations de M. Savignac, qui me paraissent fondées. Il demande à rester dans une compagnie dans
laquelle il a toujours fait son service avec un zèle et un dé-
vouement qui lui ont mérité l'estime de ses chefs et l'amitié
de ses compagnons d'armes; il demande aussi la ratification
des titres de sa mère, la régularisation de son acte de naissance et de celui de son frère; il serait de toute justice de les
lui accorder. A cet effet, je viens ajouter mes sollicita-
tions à celles de M. Savignac, pour qu'il vous plaise, M. le
Ministre, ordonner : 1° la ratification des titres de liberté
de Marie-Catherine Savignac, affranchie à la Dominique,
en 1808, domiciliée à la Martinique depuis trente-deux
ans; 2° la régularisation des actes de naissance de Michel
Savignac et Jacques-Jean Savignac, nés à la Martinique et
y domiciliés.

Quant à la réclamation du sieur Alfred Agnès, elle est
tout aussi fondée que celle de M. Savignac, et l'on demeure
étonné que l'on ne se soit pas empressé d'y faire droit.

La demoiselle Céleste et ses deux enfans, Marie-Victoire
et Jean-Louis, ont obtenu leur affranchissement le 20 juin
1791, du général Rochambeau. Les enfans de Marie-Victoire sont donc nés libres et aptes à jouir de tous les droits
de citoyen français.

Mais, par des motifs que j'expliquerai bientôt, les titres
de liberté délivrés par le général Rochambeau ont été méconnus par les gouverneurs qui lui ont succédé, et bien que

---

(1) Il a perdu, depuis, cette confiance pour avoir commis des actes arbi-
traires, et pour avoir renvoyé de la colonie des magistrats qui avaient
donné à dîner à des hommes de couleur.

ces titres fussent aussi réguliers et aussi valides que ceux qui seraient délivrés aujourd'hui par le contre-amiral Dupotet, ils devinrent néanmoins l'objet d'une contestation que la mauvaise foi et la cupidité coloniales ont souvent exploitée.

En effet, sous le gouvernement du général Villaret de Joyeuse, il fut nommé une commission pour procéder à la vérification de ces titres de liberté; cette vérification donna lieu à des infidélités d'un haut fonctionnaire et à des spéculations tellement révoltantes que le gouverneur fut obligé de suspendre cette scandaleuse vérification.

Cependant les malheureux qui n'avaient pas pu faire vérifier leurs titres, ou plutôt ceux qui n'ont pas eu les moyens de racheter cette vérification, sont redevenus esclaves ou sont demeurés dans un état tellement équivoque que le caprice du pouvoir ou sa bonne foi les rejetait dans la classe des esclaves ou les maintenait dans celle des libres.

Combien de familles ont été victimes de la mauvaise foi et de la duplicité coloniales! que de crimes sont restés impunis, parce qu'ils étaient commis par des colons privilégiés!... Mais revenons à nôtre sujet et ajoutons que depuis que la tribune nationale a retenti de nos plaintes, et que nos réclamations ont pu parvenir au gouvernement de la métropole, ces abus ont diminué ou ont fait place à d'autres abus sinon aussi révoltans, du moins aussi déplorables. Maintenant on ne vend plus ceux qui sont libres de fait ni ceux qui sont porteurs de titres méconnus par le gouvernement colonial, mais on les retient dans un état d'ilotisme pire que l'esclavage même. L'esclave a la protection de son maître, mais le patronné n'a ni celle d'un maître ni celle des lois coloniales.

Il n'y a pas plus de deux ans que le gouvernement vendait à son profit les individus déclarés épaves, et il a fallu une dépêche ministérielle aux gouverneurs des colonies pour faire cesser cette ignoble spéculation (1). Ainsi donc les ministres de Charles X avaient reconnu eux-mêmes l'épouvantable injustice qui frappait une classe d'hommes abandonnée jusqu'alors au machiavélisme colonial et à la rapacité de ses agens.

Néanmoins, ce retour à la justice n'a point été une entière réparation; car, en s'opposant à la spoliation exercée sur les malheureux épaves, le gouvernement aurait dû fixer en même temps leur état. Ici, il faut l'avouer, les colons ont été plus conséquens dans leur système; ils ne reconnaissaient que deux classes : celle des libres et celle des esclaves. Si le gouvernement, en reconnaissant une classe de patronnés, n'était pas décidé à les faire rentrer bientôt dans la classe des libres, il aurait commis une grande faute.

Mais, quoi qu'il en soit, on ne peut plus reculer dans la voie des améliorations, et il importe à l'honneur du gouvernement, comme à la tranquillité des colonies, que le sort des malheureux patronnés soit définitivement fixé. Maintenant, ils sont de vrais hermaphrodites politiques :

---

(1) *Lettre de M. Saint-Hilaire, directeur des Colonies,
à M. Isambert.*

Paris, le 29 juillet 1829.

Monsieur,

La lettre dont M. le Garde des Sceaux a fait mention dans une des dernières séances de la Chambre des Députés, n'a point été imprimée et n'est point destinée à être rendue publique; mais S. Exc. a été parfaitement fondée à dire qu'une dépêche ministérielle, adressée aux gouverneurs de la Martinique, de la Guadeloupe, de Bourbon et de Cayenne, porte formellement que l'on doit s'abstenir, dans tous les cas, de vendre, comme épaves, aucun des individus qui jouissent dans les Colonies d'une liberté de fait. Cette dépêche est du 2 mai 1828.

J'ai l'honneur d'être très-parfaitement,

Monsieur,

Votre très, etc.,

Signé, Saint-Hilaire.

Sous l'administration odieusement persécutrice de M. le baron Freycinet, à ils ne sont pas libres, et ils n'ont pas de maître ; ils ne sont pas esclaves, et ils ne sont pas citoyens ; ils sont soldats, et ils n'ont point de patrie. Quelle anomalie !

Cependant, la Cour de cassation vient de rendre un arrêt (affaire Louisy-Adzée, patronné à la Martinique) qui les a relevés en quelque sorte de cet état précaire ; et, si la Cour n'a pas cassé pour fausse application de la loi, si elle n'a rendu qu'un arrêt d'apport de pièces (1), c'est qu'elle a voulu laisser au gouvernement la précieuse initiative, et le temps de réparer lui-même une des plus grandes injustices de notre époque.

Mais on ne peut pas se le dissimuler, la Cour régulatrice a préjugé la question en faveur de la liberté, et son arrêt aura le bon effet de porter la consolation et la sécurité dans les cœurs des malheureux patronnés.

Déjà votre honorable prédécesseur, M. le comte d'Argout, a, au mois de mars dernier, provoqué une ordonnance royale qui prescrit aux gouverneurs des colonies de délivrer, *sans frais*, les titres de liberté aux individus de la classe esclave.

---

la Martinique, M. le procureur du roi Champvalier et M. de Sanois voulurent, en 1829, faire vendre à l'encan une femme qui était libre depuis environ 35 ans. Elle était mère de deux fils, dont l'un était sous le poids d'une accusation, et c'est à cette occasion qu'on voulut attenter à la liberté de cette femme, déjà trop malheureuse de voir son fils accusé. Elle fut donc arrêtée et exposée en place publique pour y être vendue au profit du gouvernement colonial, et ce, malgré la défense expresse du gouvernement français. M. Freycinet qui recevait avec une égale complaisance les complimens, les flatteries et les cadeaux des Colons, loin de s'opposer à cette spoliation, trouvait tout naturel que l'on vendît une femme libre et que son fils, reconnu *esclave* dèslors, fût condamné comme tel (il aurait été pendu). Mais M. d'Imbert de Bourdillon, procureur-général, ne transigea pas avec ses devoirs, et grâce à la justice de cet estimable magistrat, la confusion retomba sur ceux qui l'avaient encourue, et la femme fut rendue à la liberté.

(1) *Gazette des Tribunaux*, du 21 juin 1831, audience du 18, présidée par M. le comte de Bastard. M. le procureur-général Dupin a porté la parole. Le pourvoi a été soutenu par M. Gatine.

Il n'est rien dit des patronnés, parce que le ministre a dû croire que les gouverneurs ne mettraient aucun obstacle à délivrer des titres de manumission à ceux qui jouissent déjà de la liberté de fait.

A l'égard des libertés étrangères, il est évident que ces titres doivent être considérés comme réguliers, et n'avoir besoin d'être enregistrés dans les archives des colonies que dans l'intérêt des individus qui en sont porteurs. Mais, à l'égard des libertés de Rochambeau, il ne peut s'élever aujourd'hui aucune contestation, aucun doute sur leur validité. Le général Rochambeau a gouverné la Martinique au nom de la France, et la France ne doit et ne peut pas répudier les titres de manumission que ce gouverneur avait le droit d'accorder aux individus qui avaient rendu des services à la colonie et à ceux aussi qui ont acheté ces titres.

Les droits des uns et des autres sont évidemment incontestables; et si des administrateurs peu scrupuleux ont poussé leur rapacité jusqu'à spéculer sur la liberté de ceux auxquels ils devaient leur protection, l'histoire est là pour flétrir leur mémoire, et les victimes qu'ils ont sacrifiées à leur cupidité, à leur préjugé, leur reprocheront éternellement des crimes qu'elles pardonneront, sans doute, mais qu'elles n'oublieront jamais.

En plaidant la causes des patronnés, celle de mes malheureux frères, devant l'illustre amiral, défenseur de la liberté des Grecs, je ne la plaiderai pas en vain; car le vainqueur de Navarin ne descendra jamais à réédifier aux Antilles françaises ce qu'il a combattu et anéanti dans la Méditerranée.

Ainsi, invoquant à la fois le bon droit de mes commettans et les glorieux antécédens du ministre auquel je m'adresse, je demeure convaincu qu'il voudra bien intimer aux administrateurs coloniaux de délivrer des affranchissemens aux patronnés, de fixer l'état des individus porteurs de titres étrangers, en les assimilant aux anciens libres de la colonie, et de reconnaître sans aucune restriction la validité des libertés délivrées par le général Rochambeau.

Quant à la demande spéciale de M. Alfred Agnès, je supplie M. le Ministre de vouloir bien écrire au gouverneur de la Martinique pour qu'il rétablisse dans leurs droits la demoiselle Marie-Victoire et ses deux enfans, Victoire-Magdeleine et J.-B. Alfred Agnès, tous trois domiciliés à Saint-Pierre.

J'ai l'honneur, etc.

Paris, le 21 juin 1831.

FABIEN,
L'un des mandataires des hommes de couleur de la Martinique.

Le Ministre m'a répondu, le 18 juillet, en ces termes :

MONSIEUR,

J'ai pris connaissance du Mémoire que vous m'avez adressé le 21 du mois dernier.

J'écris à M. le Gouverneur de la Martinique relativement aux demandes qui font l'objet de ce Mémoire.

Je vous renvoie les pièces qui y étaient jointes.

Recevez, monsieur, l'assurance de ma parfaite considération,

Signé, le Ministre-Secrétaire d'Etat de la marine et des colonies,

Comte N. DE RIGNY.

J'avais produit, à l'appui de ce Mémoire, les pièces suivantes qui m'ont été renvoyées par M. le ministre :

1° *Pétition présentée à M. Dupotet, le 1er avril 1831, par M. Michel Savignac.*

A SON EXCELLENCE M. LE GOUVERNEUR DE LA MARTINIQUE.

MONSIEUR LE GOUVERNEUR,

F. Michel Savignac a l'honneur d'exposer très-humblement à Votre Excellence,

Que, samedi soir vers les huit heures et demie, trois archers de police arrêtèrent, sur le pont du Fort, une jeune fille patronnée que le suppliant avait envoyée dans une maison voisine, pensant que la carte dont elle devait être munie, lui serait une sauve-garde, dans le cas que la police eût fait sa rencontre; mais un involontaire oubli la lui fit laisser dans la maison de laquelle elle sortait, et immédiatement après, le suppliant apprit qu'elle venait d'être arrêtée par trois archers; il se présenta donc auprès de leur brigadier et lui déclina les qualités de la fille; notification lui ayant été faite d'exhiber sa carte, le suppliant l'alla chercher, et à sa présentation les archers décidèrent qu'il n'appartenait qu'à M. le Commissaire de Police de statuer sur cette affaire et auprès duquel le suppliant n'avait qu'à se rendre; qu'eux, les archers, pensaient qu'en faisant cette démarche, la fille serait relâchée. Cette supposition insidieuse détermina le suppliant à se rendre dans la maison de M. le Commissaire de Police, où s'était déjà rendu un des mêmes archers, le sieur Bézé, et lorsque le suppliant se présenta à la porte, il lui répondit que, M. Luminais n'étant pas visible, il fallait apporter la carte au concierge de la geôle, afin que celle qui en est porteuse pût sortir le lendemain. Arrivé à la prison, le suppliant fut arrêté, et voilà, M. le Gouverneur, le motif pour lequel il y fut détenu pendant huit jours.

Vainement, après quarante-huit heures écoulées, fit-il une humble demande à M. le Procureur du Roi, de lui motiver son arrestation; vainement réclama-t-il, quinze jours après, sa sortie de la geôle sous un cautionnement de quinze cents francs, ou bien de subir un interrogatoire : M. le procureur du Roi ne crut pas devoir écouter ses réclamations, en basant la culpabilité du suppliant sur des dépositions qu'il est encore à connaître. Il lui semble que cette mesure n'est pas juste, et ne sait quoi penser de cet excès de sévérité envers lui. Cette sévérité serait-elle le résultat de fâcheux antécédens? Mais le seul à lui opposer, c'est qu'il fait partie de ce nombre d'hommes de couleur qui ont le malheur de déplaire. Votre Excellence l'aura sans doute remarqué, lorsque la prévention a porté son influence jusqu'au point de changer en affaire administrative une affaire de simple police, laquelle, écoutée sans passion et avec justice, n'aurait été passible d'aucune peine.

Cependant, le suppliant a subi huit jours de détention, et à peine élargi, il apprend avec douleur que Votre Excellence, faisant droit aux rapports faits contre lui, a ordonné sa sortie immédiate de la compagnie dans laquelle il vous avait plu, M. le Gouverneur, de le faire enrôler. Pénétré de reconnaissance pour la faveur que votre sollicitude paternelle lui avait accordée, c'était toujours avec zèle et amour qu'il obéissait aux ordres de service qui lui étaient faits, possédant l'estime de tous les hommes recommandables de sa classe. Déjà, chacun avait apprécié et senti combien l'âme noblement élevée de Votre Excellence comprenait facilement la nécessité de transiger avec certains réglemens eu égard à la position sociale de plusieurs individus de cette même classe. Aussi sont-ils profondément affectés de la nouvelle décision que Votre Excellence a prise envers le suppliant, toutefois en conservant l'espoir que vous daignerez, M. le Gouverneur, revenir sur cette décision, qui est la conséquence des rapports transmis à Votre Excelleuce.

Ce ne sera pas vous, M. le Gouverneur, dont les sentimens de justice, d'impartialité ou d'intégrité, sont bien connus, qui infligerez à un jeune homme recommandable aux yeux de sa classe, un châtiment aussi sévère que l'est une dégradation, sur des dépositions dictées sous l'influence d'une injuste et douloureuse prévention.

Pour ces motifs :

Attendu que le suppliant a déjà subi une détention de huit jours dans la prison de Saint-Pierre, sans aucun prétexte plausible ;

Qu'il n'a pas eu connaissance, ni des dépositions faites contre lui, ni du rapport de M. le Commissaire de Police, qu'il n'a pas eù l'honneur de voir, non-seulement depuis le soir de sa détention, mais encore nombre de jours auparavant ;

Vu le certificat des sous-officiers de sa classe, déclarant sa bonne conduite ; il vous plaise, M. le Gouverneur, ordonner sa rentrée dans la deuxième compagnie du Fort. Le suppliant ne cessera de faire des vœux pour la conservation des jours de Votre Excellence.

Il a l'honneur d'être avec respect,

Monsieur le Gouverneur,

Votre très-humble et obéissant serviteur,
Signé, MICHEL SAVIGNAC.

2ᵉ Pétition présentée par J.-B.-Alfred Agnès , au nom de sa mère , à M. Dupotet , gouverneur de la Martinique , le 18 février 1831.

———

A M. LE CONTRE-AMIRAL DUPOTET , GOUVERNEUR DE LA MARTINIQUE.

MONSIEUR LE GOUVERNEUR ,

Marie Victoire a l'honneur de vous exposer,

Que la dame Leblanc vendit le 27 mai 1791, au sieur Casada-vant, la nommée Céleste et ses deux enfans, Marie-Victoire et Jean-Louis, avec la condition expresse que celui-ci leur procure-rait le bienfait de la liberté, ce qu'il fit le 20 juin de la même année, comme il conste par le titre d'affranchissement annexé à cette supplique, qui fut accordé aux trois personnes ci-dessus dénom-mées , par le général Rochambeau, alors Gouverneur de la Mar-tinique.

Céleste et Jean-Louis son fils n'existant plus depuis nombre d'années, et Marie-Victoire ayant deux enfans de sexe différent, savoir : Victoire-Magdelaine, né le 22 novembre 1805, et Jean-Baptiste-Alfred Agnès, né le 13 septembre 1809; Marie-Victoire désirant assurer son sort et celui de ses deux enfans, supplie hum-blement Votre Excellence, de vouloir bien faire ratifier ladite liberté délivrée par M. le gouverneur Rochambeau, ou qu'il plaise à Votre Excellence de vouloir ordonner qu'il soit délivré à la pétitionnaire, ainsi qu'à ses deux enfans, un titre d'affranchisse-ment, afin que ces trois personnes sortent de l'état précaire où elles se trouvent, par la déclaration verbale faite par Votre Excel-lence, de l'irrégularité de leur titre de liberté.

Pleine de confiance en la bonté qui vous caractérise, M. le Gou-verneur, Marie-Victoire se plaît à espérer que vous accueillerez favorablement sa demande , surtout, lorsque vous saurez que Jean-Baptiste-Alfred Agnès a le but louable de s'établir bientôt.

En attendant cet acte de justice de Votre Excellence , la suppliante ainsi que ses deux enfans ne cesseront de faire des vœux pour la prolongation de vos jours et votre prospérité.

Marie-Victoire a l'honneur d'être avec le plus parfait respect,

Monsieur le Gouverneur,

Votre très-humble et dévouée servante,

Pour ma mère ,

J.-B.-A. Agnès.

—————————————⟶⟵—————— — —

3ᵉ *Lettre qui m'est adressée par M. Michel Savignac, le 26 avril 1831.*

Monsieur et cher Compatriote ,

Au moment d'entrer dans la voie qui nous est tracée par la Charte de 1830, quand déjà des concessions nous ont été accordées, grâce aux intentions bienveillantes d'un gouvernement paternel, grâce surtout à vos héroïques efforts et à ceux de votre compagnon d'infortune et de gloire, M. Bissette; nous ne pouvons envisager ici qu'avec inquiétude qu'un silence profond est gardé sur l'état civil des personnes libres de fait ou porteurs de titres irréguliers dits *libertés étrangères*, quoique ce soit l'une des questions coloniales d'un haut intérêt, qu'il est urgent de résoudre.

A l'arrivée de M. le contre-amiral Dupotet dans la colonie, l'institution des patronnés fut formée, et il fut compris dans cette catégorie des gens possesseurs de titres étrangers obtenus depuis vingt, quinze et dix ans, plus ou moins, lesquels n'ont la faculté de résider dans la colonie qu'en payant une capitation annuelle de 30 f. par tête, sans qu'eux ni leurs enfans nés libres en vertu de ces titres puissent jouir d'aucune prérogative, telle que la qualification de Sieur, l'achat des propriétés, le droit de passer un acte public, le mariage, enfin le pouvoir d'ester en jugement; si bien donc qu'ils sont placés hors la loi. On pensait, lors de la création de cette nouvelle institution, qu'elle n'était conçue que dans l'intention généreuse de placer ces milliers d'ilotes sous la sauve-garde des lois; on pensait encore que des actes d'affranchissement leur seraient immédiatement délivrés : des faits récens ont prouvé qu'envers eux rien n'a été changé, et que pour eux la loi naturelle, ou la loi romaine même, n'est point applicable, n'est pas appliquée : au tribunal l'on est jugé comme esclave; l'affaire de L. Adzée, qui vous a été transmise, en est une preuve. Les hommes, enrôlés dans les milices, forment une compagnie particulière sous la dénomination de *Compagnie à la suite* (700 à Saint-Pierre), sans fusils, car il ne leur en est pas encore délivré, et n'ayant pour toute arme qu'un briquet en bandoulière, ils sont destinés à marcher à la queue des autres compagnies dans les gardes et bivouacs où ils remplissent un rôle servile; ce sont eux aussi qui sont les *plantons*, ou porteurs de lettres, dépêches, etc., des procureurs du roi, commissaires, commandans, juges-de-paix, etc. Ces mesures humilient notre classe et font gémir les hommes de bien; elles sont pourtant impolitiques parce que, parmi ces patronnés, il en est dont l'éducation et la position sociale sont les argumens les plus victorieux contre ceux qui voudraient douter que depuis bien long-temps le gouvernement colonial s'est constamment fait une loi de ne délivrer aucun acte d'affranchissement à ceux qui le méritaient davantage. Avant cette nouvelle institution qui forme une classe mixte à la Martinique, le gouvernement semblait avoir égard aux circonstances qui avaient nécessité ici l'apparition de ces titres étrangers, et l'on semblait aussi se convaincre qu'ils n'avaient été réclamés que par suite des difficultés insurmontables que l'on rencontrait ici pour en obtenir : aujourd'hui ceux qui les possèdent sont pour ainsi dire des esclaves. A l'aide de la protection des aristocrates coloniaux, on en avait délivré plusieurs, mais depuis l'administration du général Donzelot, de hideuse mémoire, jusqu'à celle de nos jours, de M. le contre-amiral Dupotet, il y a eu et a encore en souffrance près de trois mille demandes d'affranchissement pour lesquelles on conserve à peine l'espérance qu'elles seront prises en considération et qu'elles obtiendront enfin tardivement un plein succès.

J'ignore si déjà vous avez eu connaissance de tous ces faits sur lesquels mes amis ont peut-être glissé quelques mots sans tout expliquer; je ne sais aussi si le gouvernement métropolitain a obtenu des renseignemens positifs sur le chapitre des affranchissemens : l'ordonnance royale du mois de mars, par laquelle les affranchissemens seront délivrés sans taxe, me confirme dans cette opinion; car ce n'est pas le tout que les titres de liberté soient délivrés gratis, puisqu'il est des gens qui, pour les avoir, sacrifieraient tous leurs moyens pécuniaires. Il faudrait encore que le gouverneur, par une autre ordonnance royale, fût autorisé à en délivrer à tout individu domicilié dans la colonie, et qui, par un titre quelconque, pourrait constater ses droits, sans que la faveur y fût pour quelque chose; car pénétrez-vous bien, monsieur et cher compatriote, que, des titres de liberté que M. Dupotet délivrera, un grand nombre sera accordé aux miliciens enrôlés depuis plusieurs années, et l'autre petit nombre sera dû à la protection, à la faveur. Ainsi, ceux qui en sont dignes n'allant pas réclamer de leurs ardens antagonistes une protection qui, d'ailleurs, leur serait refusée, il est à croire qu'ils n'auront jamais joui de l'avantage inappréciable d'un titre régulier, si vous ne daignez soumettre à Son Excellence Monseigneur le ministre de la marine, ces renseignemens, que ses lumières et son amour du bien sauront apprécier. Je ne veux point m'attacher à vous citer des faits à l'appui de mes assertions, car si je pensais qu'ils fussent nécessaires, je n'en aurais sûrement pas manqué!...

C'est à vous, monsieur et cher compatriote, que je recommande aujourd'hui ma position civile future. Ma mère porte un titre de la Dominique, obtenu en 1808 par suite des difficultés insurmontables qu'elle éprouva à cette époque pour l'obtention d'un titre de la Martinique; enceinte et voulant qu'en dépit de tout, je naquisse libre, elle alla réclamer de cette première colonie ce que la dernière lui refusait avec obstination; plus tard, en 1811, naquit aussi mon frère; et, malgré que depuis long-temps elle demande la ratification de son titre, afin de pouvoir jouir et avoir en mains les moyens, faibles à la vérité, que mon père nous a laissés par fidéi-commis, à peine ose-t-elle se bercer de l'illusion que sa demande sera accueillie un jour!... Cependant, mon frère et moi arrivons à l'âge où il faut que nous nous occupions et de notre établissement et de notre fortune. Une passion brûlante me consume, sans l'espoir d'épouser l'objet de mon amour, sans même l'espérance de nous unir un jour: je me dis que nos feux, que les difficultés ravivent, causeront un égarement que je déplore à l'avance, lequel me présente, et sans cesse et toujours, l'image fatale de son déshonneur et de ma réputation, qui alors sera perdue; et peut-être que demain ses parens, fatigués de mes longs délais, m'en imputant tout le mal, me chasseront ignominieusement d'une maison dont j'étais naguère l'enfant chéri.

Veuillez, monsieur et cher compatriote, obtenir de M. le ministre de la marine, de la manière qu'il vous paraîtra convenable, à ce qu'il lui plaise ordonner de délivrer à la Martinique des actes d'affranchissement :

1° A Marie-Catherine Savignac, âgée de soixante ans, domiciliée en cette colonie depuis trente-deux ans, y payant une capitation de trois têtes, à 3o francs chaque, par an ;

2° F.-Michel Savignac, né libre en 1808, son fils ;

3° J.-Jean Savignac, *id.* 1811, *id.*

4° Enfin Jean-Baptiste-Alfred Aguès, jeune homme digne, par ses principes sociaux et son éducation, de cette faveur ; la copie d'une pétition adressée à M. le gouverneur, sans succès, vous fera connaître sa position.

Recevez, monsieur et cher compatriote, l'expression des sentimens d'estime avec lesquels je demeure

Votre dévoué serviteur ,

F.-MICHEL SAVIGNAC.

Sont classés dans les patronnés ou libres de savane :

1° Les individus à qui leurs maîtres ont donné la liberté, et qui n'ont pas obtenu du gouvernement la patente ou titre de manumission ;

2° Ceux qui, étant nés dans la colonie, ont été dans les colonies étrangères où ils se sont procuré des patentes de liberté qu'on leur refusait dans leur pays ;

3° Ceux qui ont été dans les pays étrangers avec leur maître et y ont été affranchis pour leurs bons services ;

4° Ceux qui ont obtenu des patentes de liberté du général Rochambeau, et qui n'ont pu faire ratifier leur titre par le général Villaret-Joyeuse.

5° Tous les descendans des femmes patronnées; car le système colonial veut, que dans cette classe, les enfans suivent la condition de leur mère.

Dans l'empire romain, où l'esclavage existait, il suffisait que le maître voulût donner la liberté à un esclave pour que celui-ci fût libre. Deux voies lui étaient ouvertes pour l'affranchissement : la déclaration chez un magistrat, ou une déclaration verbale dans une place publique.

Dans les états barbaresques, il suffit que l'esclave paie à celui qui le possède la rançon qui lui est demandée, pour que ses fers soient brisés, et pour qu'il devienne libre de retourner dans sa patrie ou de rester dans le pays.

Mais, dans nos possessions françaises des Antilles, où l'esclavage est plus dur et plus insupportable qu'il ne l'était à Rome et qu'il ne l'est chez les Barbares, il ne suffit pas qu'un maître donne la liberté à son esclave pour que celui-ci soit libre; il ne suffit pas que l'esclave ait payé sa rançon pour que ses fers soient brisés, et pour qu'il soit libre de son individu (*de son corps*, comme on le dit aux colonies); il faut encore que le gouvernement intervienne, non pas en faveur de la liberté, mais bien contre le malheureux qui vient de se libérer. Il n'en est pas de même dans les colonies espagnoles et anglaises, où l'esclave qui s'est racheté obtient de suite des lettres de manumission du gouvernement, et où l'esclavage, d'abord très-dur, a été sensiblement amélioré. Le gouvernement français a suivi une marche opposée, il a même rétrogradé, puisque le Code Noir a été modifié dans ce qu'il offrait de favorable aux esclaves.

La raison et l'humanité, d'accord avec la politique et la justice, veulent que l'homme, qui n'est pas esclave, soit libre; mais le gouvernement ne le veut pas. Que veut-il en faire? Il ne le sait pas lui-même; et, pour satisfaire aux exigences d'une faction ennemie de la liberté, il place des milliers d'individus dans un état mixte qui n'est point reconnu dans le Code de l'esclavage, et encore moins dans notre législation.

Le Code Noir, ou Edit de 1685, n'admet point d'intermédiaire entre l'homme libre et l'esclave. Le passage de l'esclavage à la liberté est immédiat, c'est une transition subite. Ou on est libre, ou on est esclave, et les articles 57 et 59 de ce Code sont explicites à cet égard.

« Déclarons (dit l'art. 57) l'affranchissement fait dans » nos îles tenir lieu de naissance, et les esclaves affran- » chis *n'avoir besoin de nos lettres de naturalité* pour jouir » de *l'avantage* de nos sujets naturels du royaume, encore » qu'ils soient nés dans les pays étrangers. »

Et dans l'art. 59, qui est le corollaire de l'art. 57, on lit :

« Octroyons aux affranchis les mêmes *droits , priviléges* » *et immunités* dont jouissent les personnes libres ; vou- » lons que le mérite d'une liberté acquise produise en » eux, tant pour leur personne que pour leurs biens, les » mêmes effets que le bonheur de la liberté naturelle » cause à nos autres sujets. »

Or, la patente de liberté n'étant autre chose que des *lettres de naturalité* mentionnées dans l'article 57 du Code Noir, cette patente n'est donc pas nécessaire.

Ce Code n'autorise pas les administrateurs coloniaux à intervenir, dans aucun cas, contre les affranchissemens ; au contraire, il laisse toute la latitude possible au maître qui veut affranchir son esclave. Aussi, y est-il dit que la personne libre qui épouse une personne esclave, lui confère la liberté par l'alliance qu'elle contracte.

La personne libre qui constitue son esclave son exécuteur testamentaire, ou qui le nomme tuteur de ses enfans, lui confère également la liberté.

Aucun article de ce Code, aucune de ses dispositions, n'ont permis l'intervention des agens du gouvernement dans les affranchissemens. Car, il faut le dire, c'eût été une atteinte à la propriété, atteinte d'autant plus déplorable, qu'elle eût frappé en même temps et le maître et l'esclave : le maître dans un droit exceptionnel, il est vrai ; mais l'esclave dans les droits naturels de la liberté.

Les législateurs du dix-septième siècle, en reconnaissant l'esclavage, n'ont pas voulu l'éterniser, ils n'ont jamais entendu, en consacrant cette hideuse exception, la rendre plus ignominieuse encore, par une intervention qui ne doit et ne peut exister. Et c'est en cela que le Code Noir est basé sur les lois romaines pour l'affranchissement.

Il est vrai que plus tard les réglemens coloniaux, les lettres ministérielles ont conféré aux gouverneurs des îles le pouvoir d'accorder ou de refuser des affranchissemens, il est vrai que ces gouverneurs ont vu que leur intervention dans les affranchissemens était une mine productive qu'ils pouvaient exploiter, et qu'ils ont exploitée ; il est encore vrai que les partisans de l'esclavage se sont toujours plu à augmenter les difficultés que les esclaves éprouvaient pour obtenir leur affranchissement, et qu'ils en ont porté le prix jusqu'à 2 et 3,000 francs.

Mais toutes ces difficultés, toutes ces exactions, n'ont pu asseoir un droit qui n'existe pas, et il est évident que les dispositions du Code Noir qui sont favorables à l'affranchissement n'ont pu être modifiées par des réglemens locaux et par des lettres ministérielles.

La commission de législation avait restreint, il est vrai, la faculté du maître qui veut affranchir son esclave, mais les chambres n'auraient pas sanctionné cette disposition, parce qu'elle était contraire à l'esprit et à la lettre du Code Noir. Non, nos législateurs n'auraient pas été moins libéraux que ceux du règne de Louis XIV.

---

(1) Voir la loi élaborée par la première commission, et qui a été présentée par l'honorable M. de Tracy, à la chambre des députés, séance du 6 septembre 1831.

Les chambres viendront au secours des infortunés patronnés quand elles connaîtront l'injustice qui les frappe , et quand elles sauront surtout qu'il existe dans cette classe des personnes qui ont joui de dix années de liberté et qui ne sont retombées dans l'esclavage que par l'effet d'une spoliation inique.

La loi proposée par M. le Ministre sera complète quand elle reconnaîtra libres tous les individus qui jouissent de la liberté de fait, et quand elle dira que la volonté du maître suffit pour rendre la liberté à son esclave.

J'ai exposé la situation des malheureux patronnés ; j'ai dit qu'ils étaient humiliés, vexés, et que leur position était plus malheureuse encore que celle des esclaves : en voici une nouvelle preuve.

Le sieur Félix Félicien, patronné, faisant son service dans la compagnie de sapeurs-pompiers à Saint-Pierre Martinique, depuis le 25 février 1828 eut une discussion avec un colon blanc, qui fut se plaindre à M. le procureur du roi Champvalier. Celui-ci fit arrêter Félicien par des gendarmes et le fit conduire à la geôle. Le gouverneur en est instruit par le procureur du roi, et, sur leurs ordres, sans jugement, le malheureux sapeur-pompier fut attaché comme un criminel et fouetté aux quatre piquets, comme on fouette les esclaves (1).

Mais ce n'est pas tout encore ; il faut que les frais de conduite, de geôle et du bourreau qui a fouetté, soient payés. Alors, mais alors seulement, le procureur du roi recon-

---

(1) On ne se fait pas une idée en Europe d'un quatre-piquets. L'homme ou la femme, car le sexe n'est pas respecté, est couché à plat-ventre par terre, ses mains et ses pieds sont liés, et on les attache à quatre piquets de fer qui tiennent au pavé et qui sont placés à une certaine distance l'un de l'autre. Le patient est étendu sans pouvoir se remuer, et il reçoit sur les fesses les coups qui lui sont appliqués avec toute la force du bras; chaque coup emporte la peau et le sang jaillit. (*Extrait de la Révolution, du vendredi 14 janvier 1831.*)

naît que Félicien est patronné et qu'il doit être traité comme un homme libre (1) ; il ordonne en conséquence au geôlier de faire payer le malheureux sapeur-pompier, avant de le mettre en liberté.

Voici le mémoire acquitté du geôlier.

Saint-Pierre, Martinique.

Compte de frais de geôle du nommé Félicien, lequel est entré le 23 août après midi.

Entrée et sortie, ou gîte et geôle . . 1 f. 70 c.		
Prise, d'après la taxe. . . . . 5 »		
Correction (29 coups de fouet à nu). . . 1 35		13 f. 55 c.
Une journée de nourriture comme libre, à 1 f. 25 c. ci. 1 25		
Cinq journées de nourriture comme esclave, à 85 c. ci.. . . . . 4 25		

Pour acquit, *signé* Monier.

Le *monstre* qui règne en Portugal a aussi fait fouetter un Français, M. Bonhomme, dans les rues de Lisbonne, mais une réparation prompte et éclatante nous a lavés de cet outrage ; et si le sang de nos braves a coulé, il n'a pas été répandu inutilement, puisque la France et l'humanité ont été vengées. Mais ici un trait de plume, une désappro-ostensible suffiront pour punir les fonctionnaires qui ont outragé la justice et l'humanité ; je réclame l'un ou l'autre au nom des Français de couleur dont je suis l'organe.

FABIEN,

L'un des Mandataires des hommes de couleur de la Martinique.

Paris, le 31 octobre 1831.

---

(1) On a supposé, à tort, sans doute, que le geôlier de St-Pierre partageait ses bénéfices avec le procureur du roi qui lui envoyait de nombreux prisonniers.

On paye 5 fr. par jour une mauvaise chambre à la geôle de St-Pierre.